AF240262

CATALOGUE

D'OBJETS D'ARTS,

ANTIQUITÉS ÉGYPTIENNES, GRECQUES ET ROMAINES,

VASES GRECS,

TERRES CUITES, FIGURINES EN BRONZE,

SCULPTURES EN MARBRE,

DONT DEUX BEAUX BUSTES DE

CANOVA,

**Médailles, Miniatures, Dessins et belles Estampes anciennes
et modernes,**

COMPOSANT LE CABINET

DE FEU M. QUATREMÈRE DE QUINCY,

EN SON VIVANT

Membre de l'Institut, Secrétaire perpétuel de l'Académie des Beaux-Arts,

DONT LA VENTE AURA LIEU

Le Lundi 22 Avril 1850, heure de midi,

EN SON DOMICILE,

RUE DE CONDÉ, Nº 14,

Par le ministère de Mᵉ FOURNEL, Commissaire-Priseur, rue de
la Chaise, nº 8;
Assisté de **M. DEFER,** Expert, quai Voltaire, nº 21,
Chez lesquels se distribue le présent Catalogue.

EXPOSITION PUBLIQUE
LE DIMANCHE 21 AVRIL, DE MIDI A CINQ HEURES.

CATALOGUE

D'OBJETS D'ARTS,

ANTIQUITÉS ÉGYPTIENNES, GRECQUES ET ROMAINES,
VASES GRECS,
TERRES CUITES, FIGURINES EN BRONZE,

SCULPTURES EN MARBRE,

DONT DEUX BEAUX BUSTES DE

CANOVA.

Médailles, Miniatures, Dessins et belles Estampes anciennes
et modernes,

COMPOSANT LE CABINET

DE FEU M. QUATREMÈRE DE QUINCY,

EN SON VIVANT
Membre de l'Institut, Secrétaire perpétuel de l'Académie des Beaux-Arts;

DONT LA VENTE AURA LIEU

Le Lundi 22 Avril 1850, heure de midi,

EN SON DOMICILE,

RUE DE CONDÉ, N° 14,

Par le ministère de M° FOURNEL, Commissaire-Priseur, rue de
la Chaise, n° 8;
Assisté de M. DEFER, Expert, quai Voltaire, n° 21,
Chez lesquels se distribue le présent Catalogue.

———o§o§o§o———

EXPOSITION PUBLIQUE
LE DIMANCHE 21 AVRIL, DE MIDI A CINQ HEURES.

CONDITIONS DE LA VENTE :

Cinq pour cent en sus des Enchères, applicables aux frais.

AU COMPTANT.

Le Catalogue de la Bibliothèque de M. Quatremère de Quincy est sous presse, et sera prochainement distribué.

La Vente aura lieu quelques jours après celle des Objets d'Art.

Le Catalogue de la Bibliothèque sera envoyé aux personnes qui en feront la demande, soit à M. Fournel, Commisseur-Priseur, soit chez M. Merlin, quai des Augustins, 27, et chez M. Delion, libraire, quai des Augustins, 17.

DÉSIGNATION
DES OBJETS.

MARBRES.

CANOVA (Antoine), *célèbre sculpteur romain, né à Possagno en 1757, mort à Venise en 1822.*

1. — Buste de jeune femme.

Ce charmant Buste a été donné par Mme de Grolier à M. Quatremère en 1817 ; elle l'avait eu à Rome de Canova, qui l'avait exécuté sur une terre cuite modelée, d'après Mme Récamier.

Hauteur, 44 cent., 10 cent. du socle.

2. — Le Berger Pâris. Buste en marbre.

Ce beau morceau de sculpture, pour lequel Canova s'est inspiré des artistes grecs, et où la noblesse et la pureté du style est joint à la plus parfaite exécution, justifie l'importance que lui-même y attachait en en faisant don d'amitié à M. Quatremère, pour lequel il l'avait exécuté. Ce que nous indique la dédicace suivante : ANTONIO QUATREMERE AMICO OPTIMO, ANTONIUS CANOVA DONO DEDIT, F. ROMÆ, ANNO 1809.

Hauteur, 54 cent., socle, 16 cent.

Parmi les nombreux témoignages que donne la correspondance de Canova de l'intérêt tout particulier qu'il portait à cette œuvre, nous extrayons le passage suivant de sa lettre, datée de Rome, du 31 décembre 1810, annonçant à M. Quatremère l'envoi de la Tête de Paris :

« Voi mi direte il vostro candido sentimento, sopra questo pezzo di » scultura ch' io lavorai con tanto amore, anche sull' idea che dovrebbe » servir per voi. »

M. Quatremère de Quincy (1), *né Paris, le 28 octobre 1755, mort le 28 décembre 1849.*

3. — Un Vase de forme antique.

Ce Vase est orné d'un bas-relief de neuf figures, représentant Psyché conduite par l'Hyménée au devant de l'Amour, les Grâces, l'Harmonie touchant du sistre, et le Désir naissant, sous la figure d'un enfant, l'accompagnent. Il est posé sur un fût de colonne en stuc, jaune de Sienne.

Hauteur du Vase, 90 cent. Diamètre, 133 cent. La colonne, hauteur, 102 cent. Diamètre, 116 cent.

4. — Autre Vase de forme antique.

Ce Vase est orné d'un bas-relief de onze figures, représentant Vénus prête à monter dans son char conduit par des cygnes qu'attellent les nymphes de sa suite. Il est posé aussi sur un fût de colonne en stuc jaune de Sienne.

Hauteur, 91 cent. Diamètre, 138 cent. La colonne, 100 cent. Diamètre, 114 cent.

Ces deux Vases peuvent servir à la décoration d'une galerie. Ils pourront être réunis.

5. — Pendule en marbre de forme circulaire.

Cette Pendule pose sur un pied formé d'un rinceau d'ornement. Autour du cadran, les signes du Zodiaque, le lever et le coucher du Soleil, et au revers les quatre Saisons.

6. — Pendule, même forme, en bronze.

Le bas-relief représente d'un côté les Heures

(1) On ignore généralement qu'à sa vaste érudition et à son talent d'écrivain, M. Quatremère joignait la pratique de l'art; les morceaux de sculpture qu'il a laissés, ne permettront aucun doute sur son mérite très-réel comme artiste.

de Peine; de l'autre côté, les Heures de Plaisir, présidée par le Destin et le Temps. Sur le socle on lit :

Du Temps ou de son cours trop rapide ou trop lent,
Les Heures, sur ce disque, image naturelle,
Ne vont, pour la Douleur, que d'un pas indolent;
Si c'est pour le Plaisir vous leur trouvez des ailes.

7. — Un Fût de colonne en très-beau marbre d'Italie, jaspé vert et blanc, avec un pied en marbre blanc, avec palmettes sculptées.

8. — Deux petites Colonnes en marbre d'Italie, jaspé noir et blanc, avec chapiteaux corinthiens, sculptés en bois et dorés.
Hauteur, 47 cent.

9. — Petit Vase en albâtre, sur socle en marbre.

10. — Petite Table en bois, avec dessus de marbre porphyre vert granit.

11. — Urne en rouge antique, socle en marbre blanc.

12. — Deux petites Urnes en albâtre, posées sur socle en marbre rouge et blanc.

VASES GRECS ET TERRES.

13. — Un petit Vase à anse, formant une Tête de Femme, fond noir, figure rouge.

14. — Vase à anse, fond noir, dessin rouge. Deux Têtes de Femme.
Hauteur, 33 cent.

15. — Vase à anse, fond noir, dessin rouge. Buste de Femme, et Femme arrosant des fleurs.
Hauteur, 29 cent.

16. — Très-grand Vase, fond noir, dessin rouge. Trois Figures en pied, sur un côté, et quatre Figures sur l'autre.

Hauteur, 49 cent. Diamètre, 119.

17. — Vase, dessin rouge. Tête de Femme d'un côté, et de l'autre une Danseuse.

Hauteur, 28 cent.

18. — Vase, fond uni sans dessin.

Hauteur, 31 cent.

19. — Un Vase, fond noir, dessin rouge. Deux Figures, Homme et Femme.

Hauteur, 27 cent.

20. — Un Vase, dessin rouge, fond noir.

Hauteur, 14 cent.

21. — Un Vase, dessin rouge, fond noir.

Hauteur, 18 cent.

22. — Vase à une anse, dessin rouge, fond noir. Palmettes et Tête de Femme.

Hauteur, 24 cent.

23. — Vase à fond noir, dessin rouge. Palmettes et Tête de Femme.

Hauteur, 17 cent.

24. — Vase à deux anses évidées, forme de Cantharla, panse ornée de filets.

Hauteur, 13 cent.

25. — Vase à deux anses, fond noir, dessin rouge. Palmettes et deux Figures.

Hauteur, 30 cent.

26. — Vase à une anse, fond noir et gorge rouge.

Hauteur, 15 cent.

27. — Vase à une anse, fond rouge, dessin noir. Un
      Quadrige.
          Hauteur, 16 cent.

28. — Vase à une anse, fond rouge, dessin noir. Un
      Quadrige.
          Hauteur, 16 cent.

29. — Coupe à deux anses, terre unie.
          Hauteur, 7 cent.

30. — Vase à une anse, fond noir, dessin rouge. Deux
      Figures.
          Hauteur, 16 cent.

31. — Vase à deux anses, fond noir, dessin rouge. Deux
      Figures.
          Hauteur, 12 cent.

32. — Vase à trois anses, terre unie.
          Hauteur, 19 cent.

33. — Vase à deux anses, fond noir, dessin rouge. Un
      Triton et un Taureau.
          Hauteur, 14 cent.

34. — Vase à deux anses, fond noir et dessin rouge.
      Deux Figures et Palmettes.
          Hauteur, 14 cent.

35. — Vase à deux anses, terre unie.
          Hauteur, 7 cent. Diamètre, 18 cent.

36. — Coupe à deux anses, fond noir, dessin de poisson.
          Diamètre, 14 cent.

37. — Coupe, fond noir, dessin rouge.
          Diamètre, 16 cent. Hauteur, 5 cent.

38. — Vase, fond uni, et deux Coupes unies.

39. — Vase à une anse, fond noir et dessin rouge.
Hauteur, 20 cent.

40. — Deux petites Bouteilles à anse, fond noir, dessin
rouge.
L'une, hauteur, 9 cent.; l'autre, 10 cent.

41. — Vase à deux anses, terre unie.
Hauteur, 10 cent. Diamètre, 12 cent.

42. — Vases à deux anses, et Bouteilles à anses.
Hauteur, 10 cent. les Vases; hauteur, 6 cent.
les Bouteilles.

TERRES CUITES.

43. — Terme en terre cuite. Trois Têtes de Jupiter,
Pluton et Neptune, et leurs Attributs.

44. — Trois Lampes antiques en terre cuite, dont une
à quatre becs, dont l'anse en forme de crois-
sant est décorée d'un buste de Jupiter, et au
milieu une tête du dieu Lunus; une autre en
forme de tête de taureau; la troisième Lampe
a deux becs, dont l'anse est décorée de deux
palmettes; elle est fragmentée.

45. — Lampes antiques et autres petits objets en terre
cuite, fragments de Mosaïque, etc. Neuf pièces.

46. — Lampes antiques et divers objets en terre cuite.
Onze pièces. Parmi lesquelles on remarque :
Têtes accolées de Typhon; terre émaillée
égyptienne d'un bon travail.
Fragment de bas-relief, figure de Femme
assise, la tête voilée, et vêtue d'une longue
tunique. Son attitude caractérise un person-
nage dans un état de tristesse.
Ex Voto d'un malade atteint d'une maladie
d'yeux.
*Ces Ex Voto étaient déposés dans les tem-
ples d'Esculape et d'Hygie, ordinairement*

*situés près des sources et des lacs par les ma-
lades après leur guérison, pour rendre publique leur reconnaissance envers les divinités,
et l'efficacité de leurs eaux.*

47 — Une Lampe dont le dessus est décoré d'un élé-
phant, sur lequel est monté le cornac.

48. — La Louve de Rome, des fragments et divers objets en terre cuite, et une petite Bouteille en
verre. Neuf pièces.

49. — Une terre cuite, un Enfant, par François FLAMAND.

ANTIQUITÉS ÉGYPTIENNES ET ROMAINES.

50. — Divinités égyptiennes. Sérapis tenant un Enfant.
Il est posé sur socle de porphyre.

51. — Deux autres Divinités égyptiennes.

52. — Figurine égyptienne en bronze, avec inscrusta-
tion en or, sur socle de porphyre.

53. — Six Momies égyptiennes en bronze et en pierre
dure.

54. — Petite Statuette du Jupiter olympien. Il est assis,
levant la main droite, et tenant de la gauche le
foudre. Patine très-oxidé. Hauteur, 20 cent.

55. — Petites Figures antiques, un Chat égyptien, deux
Hachettes et divers objets antiques provenant
des fouilles faites en Italie. Une Bague ornée
d'une tête d'âne, deux Clefs, une Fibule, trois
Cure-oreille, deux Spatules, une Cuillère et
un petit Vase en plomb, en tout dix-neuf
pièces qui seront divisées.

MÉDAILLES.

56. — Essais clichés de la pièce de 40 fr. et de la pièce
de 5 fr., sous Charles X.

57. — Médaillons en bronze de Canova. Louis XVIII et le duc de Bordeaux.

58. — Environ deux cents Médailles en bronze, frappées à la Monnaie de Paris, sous Louis XVIII et Charles X, sur les événements de leurs règnes, et suite des grands hommes. Cet article sera divisé.

59. — Un lot de clichés de Médailles et Monnaies de 1800 à 1830.

60. — Joli petit Médailler en acajou, à dix-huit tiroirs et formant meuble.

61. — Empreinte en plâtre du Camée l'Apothéose d'Auguste. Sardoine de trois couches, qui se voit à la Bibliothèque nationale de Paris.

62. — Autre empreinte d'un autre Camée grec, existant à la Bibliothèque de Vienne, et décrit dans l'ouvrage de M. de Visconti.

63. — Cinq Cadres d'empreintes de Camées antiques.

MINIATURES ET DESSINS.

64. — Miniature. Elle représente les trois Grâces dans un paysage. Elle est d'un précieux fini.

65. — Miniature. Portrait à mi-corps du roi Louis XIV. Dans un cadre ovale en cuivre très-finement ciselé, aux armes de France et fleurs de lys, et surmonté d'un cartouche avec le chiffre royal.

66. — Quatre Dessins de la colonne d'Alexandrie, du Sphinx, des Pyramides d'Égypte et du bas-relief du Fronton du Parthénon.

67. — Dessin à la plume de deux Figures d'un Vase grec.

67 *bis*. — Portrait de M. Frochot, préfet de la Seine sous Napoléon. Dessin fait d'après nature, à la plume, par Prud'hon.

ESTAMPES ANCIENNES ET MODERNES.

Marc-Antoine Raimondi, *célèbre graveur, contemporain de Raphaël.*

68. — Le Massacre des Innocents. (Bartsch, n° 20.)
Superbe épreuve, et parfaitement conservée,
d'une belle pièce du maître, gravée d'après
Raphaël.

69. — Le Jugement de Pâris. (Bartsch, p. 197, n° 245.)
Cette estampe, l'une des plus parfaites de
Marc-Antoine, est gravée d'après une excel-
lente composition de Raphaël. L'épreuve que
nous possédons est superbe et parfaitement
conservée. Telle est l'estime que l'on a pour
cette estampe, qu'une épreuve a été vendue
publiquement en 1845 dans la Collection de
M. Dubois au prix de 3,345 fr., et plus les
5 p. 100.

70. — Dieu ordonnant à Noë de bâtir l'Arche. (Bartsch,
n° 3.) Copie B. Très-belle épreuve. Avant les
lettres R. V. *Inue.*

71. — La Cassolette, d'après Raphaël. (Bartsch, n° 489.)
Le dessus de cette Cassolette est percé en
forme de fleurs de lys, ce qui, joint avec les
Salamandres, dont la frise est ornée, fait juger
que Raphaël a fait ce dessin pour François Ier,
roi de France. Marc-Antoine a gravé cette
estampe dans le temps de sa force. Très-belle
épreuve, mais coupée du bas.

72. — Les trois Grâces. (Bartsch, n° 340.) Copie dont la
marge du bas où est l'inscription est coupée.

73. — Danse d'Amours. (Bartsch, n° 217.) D'après
Raphaël. Copie C. Belle épreuve.

Mantuan (George Ghisi, dit).

74. — Le Jugement de Pâris, d'après Bertano. Belle épreuve.

75. — Céphale et Procris, Hercule au jardin des Hespérides, etc. Six pièces d'après Raphaël et J. Romain.

76. — Portraits de Michel-Ange, gravés par Bonasone et Mantuan.

Bonasone.

77. — La Pieta de Michel-Ange.

Volpato et Morghen.

78. — Peintures à fresques de Raphaël dans les chambres du Vatican, dont l'École d'Athènes, le Parnasse, la Dispute du Saint-Sacrement, Héliodore, la Messe, Attila, la Prison de Saint-Pierre et l'Incendie du Bourg. Huit estampes, magnifiques épreuves. La dernière est avant la lettre, cinq sont paraphées par M. Quatremère.

Morghen.

79. — La Cène, d'après la fresque de Léonard de Vinci au monastère des Dominicains de Milan. Très-belle épreuve avant la virgule, après *Amen dico vobis*, et avant le petit point sous la queue de l'R du mot Raphaël. Epreuve choisie par Morghen pour M. Quatremère.

80. — La Jurisprudence, d'après la fresque de Raphaël dans la 4ᵉ chambre du Vatican. Rare épreuve avant la lettre.

81. — La Poésie, la Justice, la Théologie et la Philosophie, d'après les peintures à fresques de Raphaël dans le plafond d'une des chambres du Vatican. Très-belles épreuves.

M. TOSCHI, graveur à Parme.

82. — Le *Spasimo di Sicilia*, d'après Raphaël. Rare épreuve avant toute lettre et sur papier de Chine, donnée par le graveur à M. Quatremère.

RICHOMME.

83. — Andromaque, d'après Guérin. Épreuve avant toute lettre.

TARDIEU.

84. — La Communion de saint Jérôme, d'après le Dominiquin.

PRUD'HON (d'après).

85. — La Liberté, l'Égalité, la Loi, et deux Vignettes têtes de lettres des préfectures de la Seine et de la Seine-Inférieure. Six pièces.

M. LORICHON. 1823.

86. — Ecce Homo, d'après Le Titien. Epreuve avant la lettre.

COINY.

87. — La Création, d'après la fresque de Michel-Ange. Épreuve avant la lettre, papier de Chine.

SCHIAVONETTI.

88. — Le Carton de Pise, d'après Michel-Ange.

ADAM.

89. — Louis XVI distribuant des bienfaits dans l'hiver de 1788, d'après M. Hersent. Épreuve avant la lettre.

90. — Suite des Académies pour les Concours de gravure.

91. — Un Portefeuille contenant un grand nombre d'antiquités et Vues de Rome, par les Piranèse et Pannini.

92. — Vues de l'Église Saint-Paul de Londres et du Monument élevé à l'occasion du grand feu de 1668.

93. — Tous les articles omis.

PARIS. — IMPRIMERIE D'ADRIEN LE CLERE ET Cie,
RUE CASSETTE, N° 29.